MW01702275

MOROCCAN JOURNEY - WATERCOLOURS

MAROKKOREISE - AQUARELLE

VOYAGE AU MAROC - AQUARELLES

English translation:
Ian Monk.

Übersetzung ins Deutsche:
Inge Hanneforth.

Tous droits de traduction et d'adaptation
réservés pour tous pays.

© 2000, Bibliothèque de l'Image
46 bis, passage Jouffroy - 75009 Paris.
Tél. 01 48 24 54 14 - Fax : 01 45 23 08 83

English edition: ISBN 2-914239-19-X
Deutsche ausgabe: ISBN 2-914239-20-3
Édition en français: ISBN 2-909808-72-6

Moroccan Journey - watercolours DELACROIX

DELACROIX Marokkoreise - Aquarelle

Voyage au Maroc - Aquarelles DELACROIX

Alain Daguerre de Hureaux

Bibliothèque de l'Image

MOROCCAN JOURNEY
WATERCOLOURS

The watercolour technique, on the borderline between drawing and painting, acquired prestige in the nineteenth century, particularly in Britain, where the «Watercolour Society » was founded as early as 1804. Because it is so quickly executed and needs little equipment, it was rapidly adopted by travelling artists. But was Delacroix a traveller ? Hardly. Apart from a short stay in England in the summer of 1825, his trip to North Africa during the first half of 1832 and short stays in Belgium and Holland (1839 in 1850), Delacroix spent his time in his various studios or at his property in Champrosay, either painting or writing.

When he travelled to Morocco Delacroix temporarily broke the strict rules of conduct he had set for himself, and which can be read about in his *Journal*. It seems to have been simply a question of seizing an opportunity, and a decision was made suddenly in December 1831. Through Mlle Mars, Delacroix managed to get himself included in the diplomatic mission which her lover, Charles de Mornay, was leading to Morocco in order to see how the Sultan would behave after the recent events in Algeria. Within a few months, Delacroix produced several thousand watercolours, either individually or in sketchbooks (of the seven books, only four are today conserved in the Louvre and at Chantilly). Just after arriving, on 25th January 1832, he wrote to his friend Pierret: «We have landed amidst the strangest people. (...) I feel as though I would need twenty arms and forty-eight hours a day in order to do a reasonable job and capture it all. (...) At present, I am like a man in a dream who sees things he fears he will lose.»

MAROKKOREISE
AQUARELLE

Die Aquarellmalerei, zwischen der Zeichnung und der Malerei angesiedelt, wurde im 19. Jahrhundert ganz besonders gepflegt, vor allem in England, wo im Jahr 1804 die *Watercolour Society* gegründet wurde. Aufgrund der raschen Ausführung und der nur wenigen erforderlichen Mittel wird die Aquarellmalerei zur bevorzugten Technik der reisenden Maler. Kann man aber Delacroix als einen solchen bezeichnen? Gewiß nicht. Denn mit Ausnahme eines kurzen Aufenthalts in England im Sommer 1825, seiner Reise nach Nordafrika im ersten Halbjahr anno 1832 und einiger kurzer Aufenthalte in Belgien und Holland (1839 und 1850) teilte Delacroix sein Leben zwischen seinen verschiedenen Ateliers und seinem Haus von Champrosay auf, zwischen seiner Arbeit als Maler und als Schriftsteller.

Eine kurze Abweichung vom streng geregelten Leben, das Delacroix sich auferlegte und von dem sein *Tagebuch* zeugt, scheint sich die Marokkoreise aus einer günstigen Gelegenheit heraus ergeben zu haben: Die Entscheidung wurde kurzfristig im Dezember des Jahres 1831 getroffen. Durch Vermittlung von Mlle Mars, die mit Charles de Mornay liiert war, gelang es Delacroix, in der Botschaft aufgenommen zu werden, die Mornay in Marokko leiten sollte, um sich über die Absichten des Sultans angesichts der Ereignisse in Algerien Gewißheit zu verschaffen. Innerhalb weniger Monate fertigt Delacroix mehrere tausend Aquarelle auf Einzelblättern oder in Heften an (von insgesamt sieben befinden sich nur vier im Louvre und in Chantilly). Am 25. Januar 1832 schreibt er kurz nach seiner Ankunft an seinen Freund Pierret: „Wir sind bei einem höchst befremdlichen Volk an-

VOYAGE AU MAROC
AQUARELLES

La technique de l'aquarelle, à la frontière des arts du dessin et de la peinture, connut ses lettres de noblesse au XIXe siècle, notamment en Angleterre qui voit la création de la *Watercolour Society* dès 1804. Par sa rapidité d'exécution et le peu de moyens nécessaires à sa mise en œuvre, elle devint la technique privilégiée des peintres voyageurs. Peut-on pour autant considérer Delacroix comme tel ? Certes non. A l'exception d'un court séjour en Angleterre l'été 1825, de son voyage en Afrique du Nord durant le premier semestre de l'année 1832 et de brefs séjours en Belgique et en Hollande (1839 et 1850), Delacroix a partagé sa vie entre ses différents ateliers et sa propriété de Champrosay, entre son activité de peintre et celle d'écrivain.

Brève entorse aux strictes règles de vie que Delacroix s'imposait et dont le *Journal* témoigne à de nombreuses reprises, le voyage au Maroc semble être le fruit d'une opportunité saisie : la décision en fut prise à la hâte au mois de décembre 1831. Par l'intermédiaire de Mlle Mars, dont Charles de Mornay était l'amant, Delacroix parvint à se faire accepter dans l'ambassade que ce dernier devait conduire au Maroc afin de s'assurer des intentions du Sultan face aux événements d'Algérie. En quelques mois, Delacroix réalise plusieurs milliers d'aquarelles, isolées ou parfois réunies en carnets (sur sept, seuls quatre sont aujourd'hui conservés au Louvre et à Chantilly). Le 25 janvier 1832, peu après son débarquement, il écrit à son ami Pierret : « Nous avons débarqué au milieu du peuple le plus étrange. [...] Il faudrait avoir vingt bras et quarante-huit heures par journée pour faire passablement et donner une

These drawings were often done in watercolour over a rapid preparatory pencil sketch, then annotated in lead pencil to specify indications for colours, or other impressions he wanted to remember. They come across as a series of fleeting observations which, as the months passed by, constitute an extraordinary travel journal, that Delacroix was to exploit regularly for the rest of his life. For example, they contain details drawn from life which can be seen in many compositions that were later painted in France, sometimes long after his return: for example, the watercolour *A Courtyard in Tangier* (p. 62) gives the precise architectural framework for the *Jewish Wedding* in the Louvre (Salon of 1841).

In the 1820s, the watercolour technique, which he had learnt in his youth, perhaps thanks to his friend Charles Soulier, regained popularity. At the 1824 Salon, where Delacroix exhibited his *Scenes of the Scio Massacres* (Louvre), four British artists triumphed: Thomas Lawrence, who was made *Chevalier de la Légion d'honneur*, John Constable, Copley Fielding (the elder brother of Thalès, one of Delacroix's close friends and Richard Parkes Bonington. The latter was a remarkable watercolourist, and became a close friend of Delacroix, sharing a studio with him for several months before their trip to Britain. Delacroix then produced his marvellous studies of the English countryside but these remain exceptional among his work. He remained devoted to historical painting and, as a student of Guérin's studio, it was for this purpose that he used his newly acquired technique. There is nothing surprising about the fact that one of Delacroix's first successful watercolours was a sketch for *Scenes of the Scio Massacres*. Because of its rapidity, apparent spontaneity and allusive nature, watercolour seems to be the ideal

gekommen. [...] Man bräuchte 20 Arme und 48 Stunden pro Tag, um alles einigermaßen zu besorgen und zu begreifen. [...] Derzeit bin ich wie jemand, der träumt und befürchtet, die Dinge, die er sieht, nicht erfassen zu können."

Hier eine Bleistiftnotiz, um die Farbe zu präzisieren, dort ein Eindruck, den er festhalten wollte: Diese Zeichnungen sind oftmals nach einem Entwurf mit schwarzem Stift angefertigte Aquarelle. Aus all diesen raschen Impressionen entsteht im Laufe der Monate ein außergewöhnliches Reisealbum, auf das er regelmäßig bis zu seinem Tod zurückgreifen wird. So finden sich etwa in zahlreichen späteren, in Frankreich lange nach seiner Rückkehr angefertigten Kompositionen dieses oder jenes lebensnahe Detail: Das Aquarell *Ein Hof in Tanger* (S. 62) dient ihm somit als besonders getreue Vorlage für den architektonischen Rahmen der im Louvre aufbewahrten *Jüdischen Hochzeit* (S. des Jahre 1841).

Die Aquarellmalerei, in die er möglicherweise in seiner Jugend von seinem Freund Charles Soulier eingeführt wurde, erfreute sich in den 1820er Jahren großer Beliebtheit: auf dem Salon des Jahres 1824, wo Delacroix das *Gemetzel auf Chios* (Louvre) ausstellt, triumphieren vier englische Künstler: Thomas Lawrence, zum Ritter der Ehrenlegion ernannt, John Constable, Copley Fielding (der ältere Bruder von Thalès, einem Vertrauten Delacroix') und Richard Parkes Bonington. Letzterer, ein bemerkenswerter Aquarellist, wird zu einem engen Freund Delacroix', mit dem er vor ihrer gemeinsamen Reise nach England einige Monate lang ein Atelier teilt. Die bewundernswerten Aquarellstudien englischer Landschaften, die Delacroix nun realisiert, stellen in seinem Gesamtwerk eine Ausnahme dar: Seiner Ausbildung im Atelier Guérin bleibt er als großer Anhänger der Historienmalerei treu und stellt die neue Technik in den Dienst dieser Malerei. Daß eine der ersten wirklich

idée de tout cela. [...] Je suis dans ce moment comme un homme qui rêve et qui voit des choses qu'il craint de voir lui échapper. »

Annotés à la mine de plomb afin de préciser ici une indication de couleur, là une impression dont il souhaite conserver le souvenir, ces dessins sont souvent exécutés à l'aquarelle sur une rapide esquisse préparatoire au crayon noir. Ils apparaissent comme autant de notations fugitives qui constituent, au fil des mois, un extraordinaire album de voyage auquel le peintre fera régulièrement appel jusqu'à la fin de sa vie. On retrouve ainsi dans de nombreuses compositions ultérieures réalisées en France, parfois longtemps après son retour, tels ou tels détails pris sur le vif : l'aquarelle *Une cour à Tanger* (p. 62) sert ainsi, avec une grande fidélité, à la définition du cadre architectural de la *Noce juive* du Louvre (salon de 1841).

La pratique de l'aquarelle, à laquelle il fut peut-être initié dans sa jeunesse par son ami Charles Soulier, connaissait dans les années 1820 un important regain de faveur : au Salon de 1824, où Delacroix expose les *Scènes des massacres de Scio* (Louvre), triomphent quatre artistes anglais : Thomas Lawrence, qui est fait chevalier de la Légion d'honneur, John Constable, Copley Fielding (frère aîné de Thalès, un intime de Delacroix) et Richard Parkes Bonington. Ce dernier, remarquable aquarelliste, deviendra un ami proche de Delacroix avec qui il partage quelques mois un atelier, avant leur voyage commun en Angleterre. Si Delacroix réalise alors quelques merveilleuses études à l'aquarelle de la campagne anglaise, celles-ci demeurent exceptionnelles dans son œuvre : passionné par la peinture d'histoire, il reste fidèle à sa formation dans l'atelier de Guérin et c'est au service de cette dernière qu'il met en pratique cette technique nouvellement acquise. Qu'une des preway to capture first impressions. From his early work onwards, his watercolours were merely a step in the elaboration of a finished painting and were not seen as works in their own right, as they now are.

The discovery and frequent use of watercolours brought about a radical change in Delacroix's craft. After returning from Morocco, he experimented with new painting techniques, looking for a fluidity of effect through the transparency and lightness which tempera allows. He then used copal varnish, in which the pigments were dissolved (see *Fantasia* in Montpellier, one of the eighteen watercolours given to the Comte de Mornay, p. 85) thus unfortunately causing irreversible alterations to the layer of paint.

At the same time, the discovery of the harsh light of North Africa, and the way in which that light models forms and interacts with local tones through reflection, led him to think that light and colour cannot be disassociated: «Radically, there are neither light nor dark shades. There is a coloured mass for each object, variously reflected on different sides, (...) this is what should be aimed at in the colours of a painting» (*Journal*, 5th May 1852). The reproduction of these reflections required broken brushstrokes, in which Seurat and Signac were to see the first steps towards their own innovations (see *D'Eugène Delacroix au Néo-impressionisme*, 1899).

Another decisive acquisition was the «discovery» of the Orient. Even before his trip to Morocco, Delacroix's orientalist paintings - from the *Scenes of the Scio Massacres*, inspired by the Greek War of Independence, to *Sardanapalus* - or his literary compositions drawn from the works of Byron, offer a vision of the Orient based on literature and history that is

großen Aquarellarbeiten Delacroix' ein Entwurf für das *Gemetzel auf Chios* war, muß somit nicht erstaunen. Angesichts der raschen Technik, der scheinbaren Spontaneität und der Leichtigkeit erscheint das Aquarell als ein ideales Medium, spontane Empfindungen wiederzugeben. In diesen ersten Werken stellt die Verwendung des Aquarells lediglich eine Etappe innerhalb der Erarbeitung des endgültigen Oeuvre dar und hat nicht den Status eines autonomen Werkes, zu dem es später erhoben wird.

Das Entdecken und die beharrliche Praktik des Aquarells führt zu einer tiefgreifenden Evolution der Arbeit Delacroix'. Nach seiner Rückkehr aus Marokko probiert er neue Maltechniken aus, wobei er die fluiden Effekte, die Transparenzen und die Leichtigkeit wiederzufinden sucht, die die Temperafarben erlauben. Also verwendet er Kopallack, in dem die Pigmente vermischt werden (s. *Fantasia* von Montpellier, das von einem der 18, dem Grafen von Mornay, S. 85) geschenkten Aquarelle inspiriert wurde), was zu leider irreversiblen Entstellungen der Bildoberfläche führte.

Gleichzeitig findet er durch das Entdecken des starken Lichts Nordafrikas und durch die Art, in der dieses Licht die Formen modelliert und aufgrund der reflektierenden unterschiedlichen Töne eine Wechselwirkung hervorbringt, heraus, daß Licht und Farbe untrennbar sind: „Im Grunde gibt es weder Hell noch Dunkel. Jeder Gegenstand stellt eine farbige Masse dar, die von allen Seiten unterschiedlich reflektiert wird [...] nur so ist die Farbe in der Malerei zu verstehen." (*Tagebuch*, 5. Mai 1852.). Die Übertragung dieses Widerscheins impliziert die Farbzerlegung, in der Seurat und Signac (*D'Eugène Delacroix au Néo-impressionnisme*, 1899) die Prämissen ihrer eigenen Recherchen sehen.

mières grandes réussites de Delacroix à l'aquarelle fut une esquisse pour les *Scènes des massacres de Scio* n'a donc rien pour surprendre. L'aquarelle, par la rapidité de la technique, son apparente spontanéité et son caractère allusif, apparaît comme le médium idéal pour traduire la première pensée. Dans ces premières œuvres, l'usage de l'aquarelle ne constitue qu'une étape dans l'élaboration de l'œuvre finale et n'acquiert pas ce statut d'œuvre autonome qui lui sera donné par la suite.

La découverte et la pratique assidue de l'aquarelle entraînent une profonde évolution du métier de Delacroix : après son retour du Maroc, il expérimente de nouvelles techniques picturales, cherchant à retrouver la fluidité des effets, les transparences et la légèreté que permet la détrempe. Il utilise alors le vernis copal dans lequel sont dilués les pigments (voir la *Fantasia* de Montpellier, inspirée par une des dix-huit aquarelles offertes au comte de Mornay, p. 85), provoquant ainsi des altérations de la couche picturale hélas irréversibles.

Dans le même temps, la découverte de la lumière crue de l'Afrique du Nord, la manière dont cette lumière modèle les formes et interagit avec le ton local par l'intermédiaire du reflet l'amène à considérer que lumière et couleur ne peuvent être dissociées : « Il n'y a radicalement ni clairs ni sombres. Il y a masse colorée pour chaque objet, reflétée différemment de tous côtés, [...] ceci est toute l'entente de la couleur dans la peinture » (*Journal*, 5 mai 1852). La traduction de ces reflets implique un morcellement de la touche dans lequel Seurat et Signac (*D'Eugène Delacroix au Néo-impressionnisme*, 1899) verront les prémisses de leurs propres recherches.

Autre acquis décisif, la « découverte » de l'Orient. En effet, avant même le voyage au prior to his «discovery» of 1832. This enthusiasm was shared in the French Restoration's literary and artistic circles. In his 1829 preface to *Les Orientales*, Victor Hugo remarked that: «The Orient, either as an image, or as a thought, has become a sort of general preoccupation for both the intelligence and the imagination».

However, the *in situ* discovery of Morocco was a revelation. Just before returning to France, Delacroix wrote to the art critic Jal: «The Romans and Greeks are at my door. I had a good laugh about David's Greeks, except of course for his sublime touch. I know them now; the marbles are the real truth, but one has to know how to read them, and we poor moderns saw them only as hieroglyphs. (...) Rome is no longer in Rome» (Tangier, 4th June 1832). With his discovery of Morocco, Delacroix's soul drew new strength and vigour from the wellspring of an Antiquity that he set at the heart of his artistic pantheon - not a version derived from the theorists of Neo-classicism or seen from their perspective, but one he himself had discovered through his own encounter with Oriental civilisation : «It's beautiful ! It's just as it was in Homer's time ! « he wrote to his friend Charles Cournault.

Eine weitere entscheidende Erkenntnis ist das „Entdecken" des Orients. Aber schon vor der Marokkoreise bieten die orientalistischen Gemälde Delacroix' – von dem *Gemetzel auf Chios,* inspiriert vom griechischen Unabhängigkeitskrieg, bis hin zum Bild *Sardanapale* – wie auch seine literarische, an das Werk Byrons angelehnte Arbeit eine aus Geschichte und Literatur genährte Sicht des Orients, die er bereits vor dem Aufenthalt in Marokko im Jahr 1832 hatte. Diese Schwärmerei ist allerdings in den künstlerischen und literarischen Kreisen während der Restauration weit verbreitet: 1829 stellt Victor Hugo im Vorwort des Buches „Aus dem Morgenland" folgendes fest: „Der Orient, ob als Bild oder Vorstellung, ist sowohl für die Intelligenz als auch für die bildenden Künstler zu einer Art genereller Beschäftigung geworden."

Dennoch stellt sich das Kennenlernen Marokkos als Offenbarung heraus. Kurz vor seiner Rückkehr nach Frankreich schreibt Delacroix folgende Zeilen an den Kritiker Jal: „Die Römer und die Griechen befinden sich hier gleich vor der Tür: Über Davids Griechen habe ich mich köstlich amüsiert – über seinen einzigartigen Pinselstrich selbstverständlich nicht. Jetzt kenne ich sie; die Marmorwerke sind die Wahrheit selbst, aber man muß sie zu lesen verstehen; unsere armen Modernen haben in ihnen nichts als Hieroglyphen gesehen. [...] Rom befindet sich nicht mehr in Rom." (Tanger, 4. Juni 1832.) So schöpft Delacroix durch das Entdecken Marokkos neue Kraft für Geist und Seele im Ursprung der Antike, die der Maler ins Zentrum seines künstlerischen Pantheon plaziert; es ist aber nicht etwa die Antike, wie die Theoretiker des Neoklassizismus sie empfinden oder vermitteln, sondern jene, die er dank seiner Begegnung mit der Zivilisation des Orients entdeckt: „Es ist schön wie zu Zeiten Homers!", schreibt er seinem Freund Charles Cournault.

Maroc, les tableaux orientalistes de Delacroix – des *Scènes des massacres de Scio* inspirées par la guerre d'indépendance grecque, au *Sardanapale* –, ou les compositions littéraires issues de l'œuvre de Byron proposent une vision de l'Orient, nourrie par l'histoire et la littérature, qui préexiste à sa découverte en 1832. Cet engouement est largement partagé dans les milieux littéraires et artistiques de la Restauration : en 1829, dans la préface aux *Orientales*, Victor Hugo constate que « l'Orient, soit comme image, soit comme pensée, est devenu, pour les intelligences autant que pour les imaginations, une sorte de préoccupation générale ».

Pourtant, la découverte *in situ* du Maroc agit comme un révélateur : peu avant son retour en France, Delacroix écrit au critique Jal : « Les Romains et les Grecs sont là à ma porte : j'ai bien ri des Grecs de David, à part bien entendu, sa sublime brosse. Je les connais à présent ; les marbres sont la vérité même, mais il faut y savoir lire, et nos pauvres modernes n'y ont vu que des hiéroglyphes. [...] Rome n'est plus dans Rome ». (Tanger, le 4 juin 1832). Ainsi, la découverte du Maroc retrempe l'âme de Delacroix et la revivifie à la source d'une Antiquité que le peintre place au cœur de son panthéon artistique, non pas celle issue des théoriciens du néoclassicisme ou perçue par leur médiation, mais celle qu'il découvre par sa confrontation avec la civilisation orientale : « C'est beau ! c'est comme au temps d'Homère ! », écrit-il à son ami Charles Cournault.

Overhead view of an Arab town with mosque and minaret.
Watercolour over pencil lines.

Blick von oben auf eine arabische Stadt mit Moschee und Minarett.
Aquarell auf Grafitstiftentwurf.

Vue plongeante sur une ville arabe avec mosquée et minaret.
Aquarelle sur trait à la mine de plomb.

View of Tangier.
Watercolour and pencil lines.

Ansicht von Tanger.
Aquarell und Grafitstiftentwurf.

Vue de Tanger.
Aquarelle et traits à la mine de plomb.

The preceding double page:
Landscape with a horseman.
Watercolour.

Doppelseite vorgehende:
Landschaft mit Reiter.
Aquarell.

Double page précédente :
Paysage avec un cavalier.
Aquarelle.

View of outskirts of Meknès.
Watercolour and lead pencil.

Landschaft der Umgebung von Meknès.
Aquarell und Grafitstift.

Vue des environs de Meknès.
Aquarelle et mine de plomb.

View of Tangier.
Watercolour.

Ansicht von Tanger.
Aquarell.

Vue de Tanger.
Aquarelle.

Landscape.
Watercolour.

Landschaft.
Aquarell.

Paysage.
Aquarelle.

Landscape.
Watercolour and lead pencil.

Landschaft.
Aquarell und Grafitstift.

Paysage.
Aquarelle et mine de plomb.

Seaside with rocky coast and mountains.
Watercolour over pencil lines.

Meeresufer mit Felsküste und Bergen.
Aquarell auf Grafitstiftentwurf.

Bords de mer avec la côte rocheuse et les montagnes.
Aquarelle sur traits à la mine de plomb.

Landscape near Tangier.
Watercolour and lead pencil.

Landschaft der Umgebung von Tanger.
Aquarell und Grafitstift.

Paysage aux environs de Tanger.
Aquarelle et mine de plomb.

Moroccan landscape near Tangier.
Watercolour and lead pencil, highlighted with gouache.

Marokkanische Landschaft in der Umgebung von Tanger.
Aquarell, Grafitstift, mit Gouache gehöht.

Paysage du Maroc aux environs de Tanger.
Aquarelle, mine de plomb et rehauts de gouache.

Moroccan landscape with wooded hills beside the sea.
Watercolour and lead pencil.

Marokkanische Landschaft mit bewaldeten Hügeln am Meer.
Aquarell und Grafitstift.

Paysage du Maroc avec collines boisées en bord de mer.
Aquarelle et mine de plomb.

A woman bathing and her Moorish servant.
Watercolour and crayon on paper.

Badende Frau mit maurischer Dienerin.
Aquarell und Bleistift auf Papier.

Une femme se baignant et sa servante maure.
Aquarelle et crayon sur papier.

Jewesses in Tangier.
Watercolour and lead pencil.

Jüdische Frauen in Tanger.
Aquarell und Grafitstift.

Femmes juives à Tanger.
Aquarelle et mine de plomb.

Moroccan camp between
Tangier and Meknès.
Watercolour, heightened with gouache and lead pencil.

Lager in Marokko zwischen
Tanger und Meknès.
Aquarell, mit Gouache gehöht, und Grafitstift.

Campement au Maroc
entre Tanger et Meknès.
Aquarelle, rehauts de gouache et mine de plomb.

Travelling between Tangier and Meknès.
Watercolour, slightly heightened with gouache and lead pencil.

Reise von Tanger und Meknès.
Aquarell, mit Gouache leicht gehöht, und Grafitstift.

En voyage entre Tanger et Meknès.
Aquarelle, légers rehauts de gouache et mine de plomb.

rouge
jaune
Isabelle
ML

E.D

Gateway in a wall,
tomb with fountain.
Watercolour, brown ink and pen strokes.

Tor eines Mauerwerks, Grab mit Brunnen.
Aquarell, braune Tusche und Federzeichnung.

Porte dans la muraille,
tombeau avec fontaine.
Aquarelle, encre brune et traits à la plume.

descendant
Creneaux dentelés
orange
mulatre
ML

tombeau de saint en
descendant
Creneaux dentelés

Study of Arab horsemen and figures.
Lead pencil, partly highlighted with watercolour.

Reiterstudien und Araber.
Grafitstift, teilweise mit Aquarell gehöht.

Étude de cavaliers et personnages arabes.
Mine de plomb en partie rehaussée d'aquarelle.

Nine sketches of Africans.
Watercolour and lead pencil.

Neun Entwürfe von Afrikanern.
Aquarell und Grafitstift.

Neuf croquis d'Africains.
Aquarelle et mine de plomb.

Four studies of seated women's costumes and of a young boy standing.
Watercolour and pencil lines.

Vier Studien von sitzenden Frauen in Landestrachten und eines stehenden Jungen.
Aquarell auf Grafitstiftentwurf.

Quatre études de costumes de femmes assises et d'un jeune garçon debout.
Aquarelle et traits à la mine de plomb.

Three studies of women's costumes and sketches of young women (from behind).
Watercolour and pencil lines.

Drei Studien von Frauentrachten und Skizze junger Frauen (Rückansicht).
Aquarell auf Grafitstiftentwurf.

Trois études de costumes de femmes et croquis de jeunes femmes, de dos.
Aquarelle et traits à la mine de plomb.

Crowd of Moroccans in front of a congested gateway, courtyard and house, the Porte du Juif, horse and Arabs by a fountain.
Brown ink, watercolour and pen strokes.

Zahlreiche Marokkaner vor einem großen, versperrten Tor, Hof und Haus, Tor des Juden; Pferd und Araber vor einem Brunnen.
Braune Tusche, Aquarell und Federzeichnung.

Foule de Marocains devant une grande porte encombrée, cour et maison, porte du Juif; cheval et arabes devant une fontaine.
Encre brune, aquarelle et traits à la plume.

porte du marché pendant que nous marchandions
Ciel
blanche

porte des marchands

Plan

The green door.
Watercolour and lead pencil.

Die grüne Tür.
Aquarell und Grafitstift.

La porte verte.
Aquarelle et mine dc plomb.

Young costumed woman (standing).
Watercolour.

Junge (stehende) Frau in Landestracht.
Aquarell.

Jeune femme en costume (debout).
Aquarelle.

Study of a seated Jewess.
Watercolour over pencil lines.

Studie einer sitzenden jüdischen Frau.
Aquarell und Grafitstiftentwurf.

Étude de femme juive assise.
Aquarelle sur trait à la mine de plomb.

Young costumed woman standing.
Watercolour.

Stehende junge Frau in Landestracht.
Aquarell.

Jeune femme debout en costume.
Aquarelle.

Studies of Arab horsemen.
Lead pencil highlighted with watercolour.

Studien arabischer Reiter.
Grafitstift mit Aquarell gehöht.

Études de cavaliers arabes.
Mine de plomb et rehauts d'aquarelle.

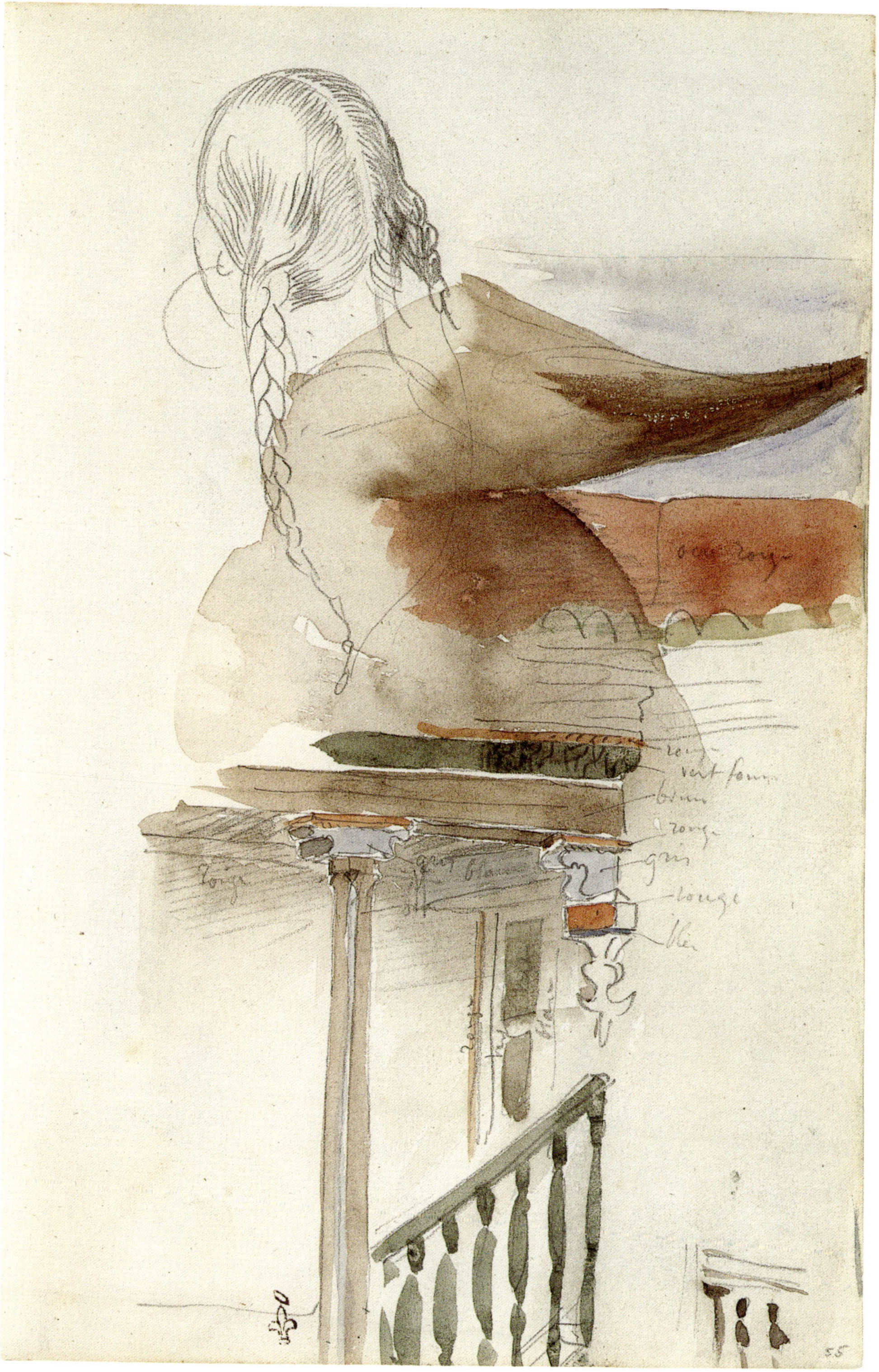

Woman with plaited hair.
Watercolour and lead pencil.

Frau mit geflochtenem Haar.
Aquarell und Grafitstift.

Femme aux cheveux tressés.
Aquarelle et mine de plomb.

le pied de côté dans l'étrier quelquefois
le drapeau dans son étui planté devant la tente
la plaine et la tribu rangée fuyant vers le fond. — devant demi douzaine de cavaliers dans la fumée. un homme plus en avant. burnous bleu. très foncé
— en avant nous tournant le dos la ligne de nos soldats précédés du Caïd et des drapeaux.
la course des cinq ou six cavaliers.
le jeune homme tête nue, caftan vert vif
le nègre bonnet pointu. caftan bleu.
les hommes éclairés sur le bord de côté. l'ombre des objets blancs très reflétée en bleu. le rouge des selles et du turban presque noir.
au passage du gué les hommes grimpant. un cheval blanc de côté
1er jour Ahin El Dalia — parti à 1 heure de Tanger.
rougeâtre
blanc
noir
bleu foncé
rougeâtre

Sketch of a camp.
Watercolour and lead pencil.

Entwurf und eins Lagers.
Aquarell und Grafitstift.

Croquis d'un campement.
Aquarelle et mine de plomb.

Landscape with horses and two Arabs sitting on the ground among aloes.
Watercolour and lead pencil.

Landschaft mit Pferden und zwei unter Agaven auf dem Boden sitzenden Arabern.
Aquarell und Grafitstift.

Paysage avec chevaux et deux Arabes assis à terre parmi les aloès.
Aquarelle et mine de plomb.

Camp on a plain, with mountain chain.
Watercolour and lead pencil.

Lager in einer Ebene mit Bergkette.
Aquarell und Grafitstift.

Campement dans une plaine, avec chaîne de montagnes.
Aquarelle et mine de plomb.

Landscapes.
Watercolour and lead pencil.

Landschaften.
Aquarell und Grafitstift.

Paysages.
Aquarelle et mine de plomb.

Arab horsemen, a grove of trees and sea in the distance.
Brown ink and watercolour.

Arabische Reiter, Baumgruppe und Meer im Hintergrund.
Braune Tusche und Aquarell.

Cavaliers arabes, bouquet d'arbres et mer dans le fond.
Encre brune et aquarelle.

la detacher
en venant au bord d'un ruisseau.
Continuant nos soldats à gauche se detachant
le ciel. les hommes demi-teintes couleur charmante
noir, figures &c. chevaux bruns très maigres
selle avec point à fond
poitrail au pommeau, fourreau
du fusil vert
tête de Michelange
couverture blanche
de poudre

Young Jewess sitting.
Watercolour and lead pencil.

Junge sitzende Jüdin.
Aquarell und Grafitstift.

Jeune femme juive assise.
Aquarelle et mine de plomb.

Right profile of a seated Arab woman; study for *The Women of Algiers.*
Watercolour and lead pencil.

Sitzende Araberin im Profil (rechts); study for *The Women of Algiers.*
Aquarell und Grafitstift.

Femme arabe assise de profil vers la droite ; étude pour les *Femmes d'Alger.*
Aquarelle et mine de plomb.

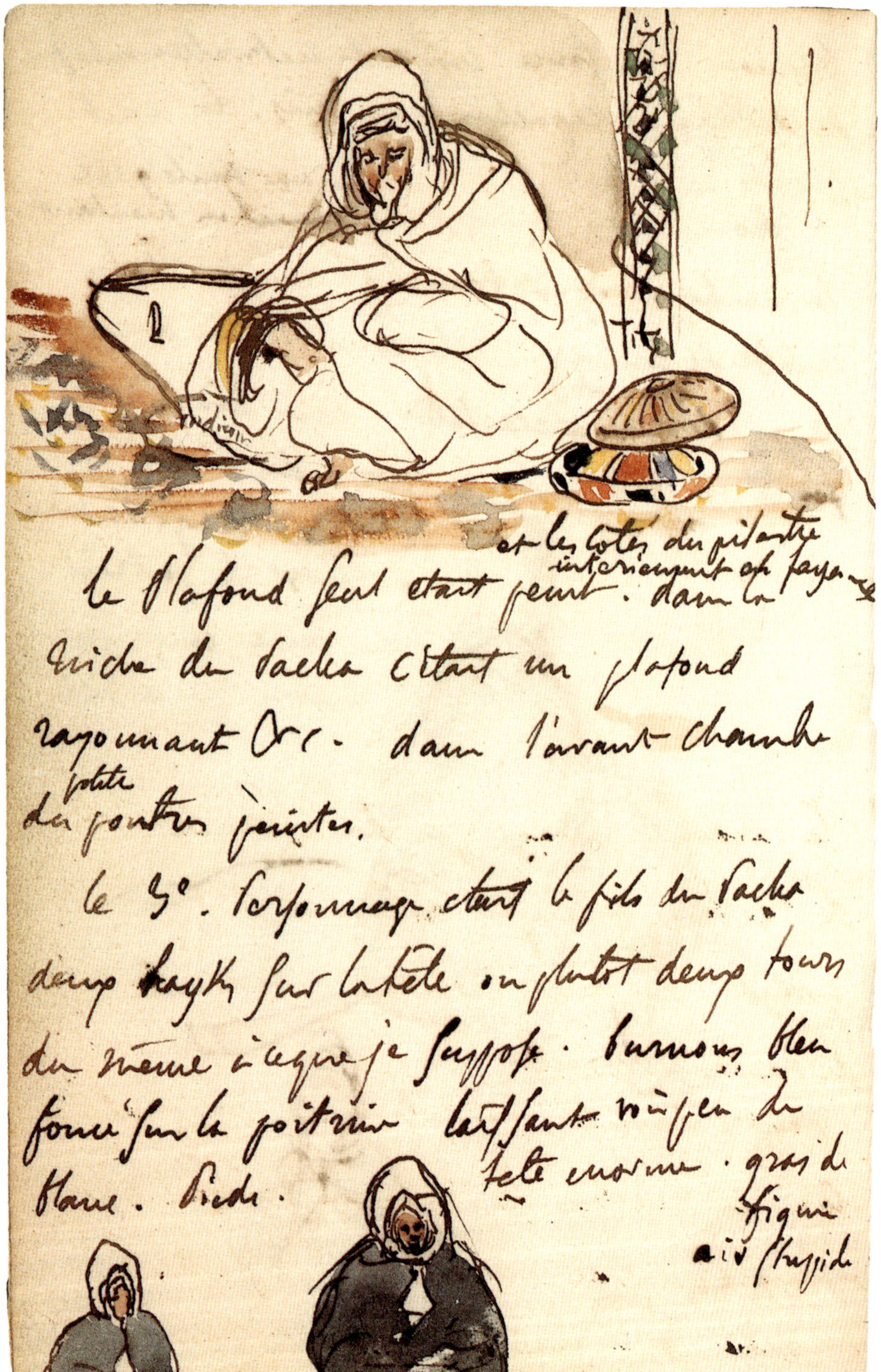

Arab sitting on a rug, two sketches of Arabs.
Watercolour over pen strokes and brown ink.

Auf einem Teppich sitzender Araber, zwei Skizzen von Arabern.
Aquarell mit Federzeichnung und brauner Tusche.

Arabe assis sur un tapis, deux croquis d'Arabes.
Aquarelle sur traits à la plume et encre brune.

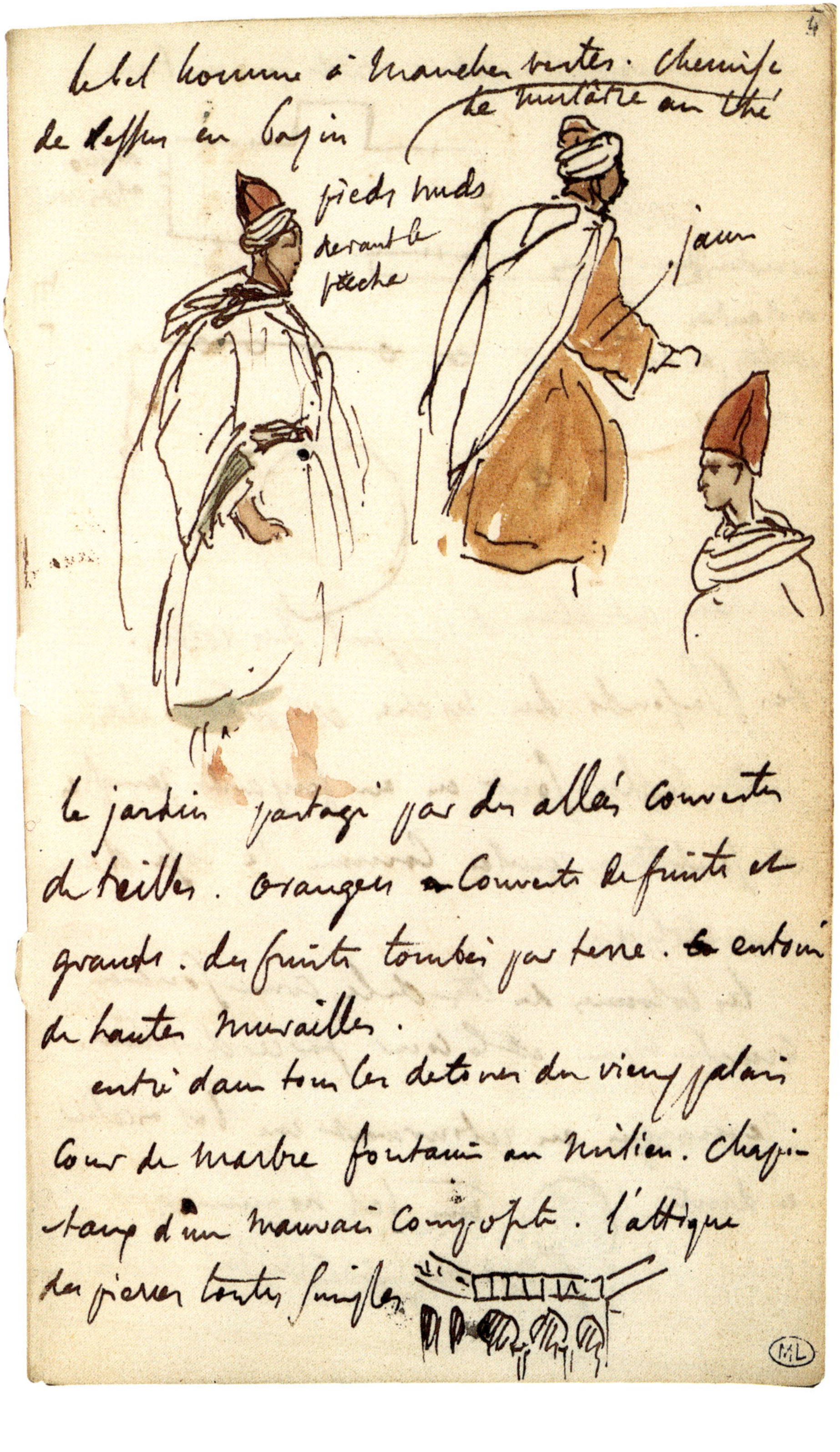

Three studies of Arabs standing, and sketch of Moorish architecture.
Pen and brown ink, highlighted with watercolour.

Drei Studien stehender Araber und Skizze eines maurischen Bauwerks.
Feder, braune Tusche, mit Aquarell gehöht.

Trois études d'Arabes debout et croquis d'une architecture mauresque.
Plume, encre brune et rehauts d'aquarelle.

Landscape with mosque in the background and figures.
Pen, brown ink and watercolour.

Landschaft mit Moschee im Hintergrund sowie Figuren.
Feder, braune Tusche und Aquarell.

Paysage avec mosquée dans le fond et personnages.
Plume, encre brune et aquarelle.

hommes assis à gauche caftan orange - haïk en désordre q
ajustait
vue de la mosquée
campag
très vert
noir nud rajustant son haïk.
les hommes construisant la tappia.
haïk entortillé
parties de murs peintes en jaune. le bas e
général en bla

parties de murs peintes en jaune. le bas en
général en blanc
très propre à détacher les
figures
fausse porte
petite mosquée.
peinte en jau
chez le juif qui m'a
conduit sur les terrasses

la maison ruinée du Portugais
Vue du haut de la terrasse
autre côté porte de la ville
du quartier des juifs

Moorish conversation.
Watercolor over graphite on paper.

Maurisches Gespräch.
Aquarell und Grafitstift.

Conversation mauresque.
Aquarelle et mine de plomb.

Abraham Benchimol's wife and one of their daughters.
Watercolor over graphite on paper.

Die Frau von Abraham Benchimol und eine ihrer Töchter.
Aquarell und Grafitstift.

La femme d'Abraham Benchimol et une de leurs filles.
Aquarelle et mine de plomb.

Two seated Arab women; study for *The Women of Algiers.*
Watercolour and lead pencil.

Zwei sitzende Araberinnen; Studie für *Frauen von Algier.*
Aquarell und Grafitstift.

Deux femmes arabes assises ; étude pour *Les Femmes d'Alger.*
Aquarelle et mine de plomb.

Arab woman sitting on some cushions; study for *The Women of Algiers.*
Watercolour over crayon drawing.

Araberin, auf Kissen sitzend; Studie für die Frauen von Algier.
Aquarell und Bleistiftzeichnung.

Femme arabe assise sur des coussins ; étude pour *Les Femmes d'Alger.*
Aquarelle sur traits de crayon.

A courtyard in Tangier.
Watercolour and lead pencil.

Ein Hof in Tanger.
Aquarell und Grafitstift.

Une cour à Tanger.
Aquarelle et mine de plomb.

Arab interior.
Watercolour over crayon drawing.

Arabisches Interieur.
Aquarell und Bleistiftzeichnung.

Intérieur arabe.
Aquarelle sur traits au crayon.

bois

Moorish doorway.
Watercolour.

Maurische Tür.
Aquarell.

Porte mauresque.
Aquarelle.

Doors and bays of a Moorish house.
Watercolour and lead pencil.

Türen und Fenster eines maurischen Hauses.
Aquarell und Grafitstift.

Portes et baies d'une maison mauresque.
Aquarelle et mine de plomb.

Arab interior, known as « Delacroix's room in Meknès ».
Watercolour and lead pencil.

Arabisches, „Chambre de Delacroix à Meknès" genanntes Interieur.
Aquarell und Grafitstift.

Intérieur arabe dit « Chambre de Delacroix à Meknès ».
Aquarelle et mine de plomb.

Moorish interior with two mirrors: in the centre an alcove with window and divan covered with cushions.
Watercolour over lead pencil.

Maurisches Interieur mit zwei Spiegeln; in der Mitte ein Aalkoven mit Fenster und ein mit Kissen bedeckter Diwan.
Aquarell auf Grafitstiftentwurf.

Intérieur mauresque avec deux glaces ; au centre une alcôve avec fenêtre et divan recouvert de coussins.
Aquarelle sur traits à la mine de plomb.

Three studies of Arabs.
Pen and brown ink.

Drei Studien von Arabern.
Feder und braune Tusche.

Trois études d'Arabes.
Plume et encre brune.

Moorish interior.
Watercolour.

Maurisches Interieur.
Aquarell.

Intérieur mauresque.
Aquarelle.

Bays in a Moorish interior.
Watercolour and lead pencil.

Fenster eines maurischen Hauses.
Aquarell und Grafitstift.

Baies dans un intérieur mauresque.
Aquarelle et mine de plomb.

Sketches of groups of Arabs and Moorish architecture, with a castellated wall over a gateway.
Lead pencil, slightly highlighted with watercolour.

Entwurf einer Gruppe Araber und maurischer Architektur wie einer gezackten Mauer, unter der sich ein Tor öffnet.
Grafitstift, leicht mit Aquarell gehöht.

Croquis d'Arabes en groupe et d'architectures mauresques, dont une muraille crénelée sous laquelle s'ouvre une porte.
Mine de plomb et légers rehauts d'aquarelle.

Two women at a fountain.
Watercolour and lead pencil.

Zwei Frauen am Brunnen.
Aquarell und Grafitstift.

Deux femmes à la fontaine.
Aquarelle et mine de plomb.

The Jewish bride of Tangier.
Watercolour and lead pencil on beige paper.

Jüdische Braut in Tanger.
Aquarell und Grafitstift auf beigem Papier.

Mariée juive à Tanger.
Aquarelle et mine de plomb sur papier beige.

Young Arab in his apartment.
Watercolour and lead pencil.

Junger Araber in seiner Wohnung.
Aquarell und Grafitstift.

Jeune Arabe dans son appartement.
Aquarelle et mine de plomb.

Young Arab standing, holding a black gun.
Watercolour and pencil.

Junger stehender Araber, ein schwarzes Gewehr haltend.
Aquarell und Grafitstift.

Jeune Arabe debout tenant un fusil noir.
Aquarelle et mine de plomb.

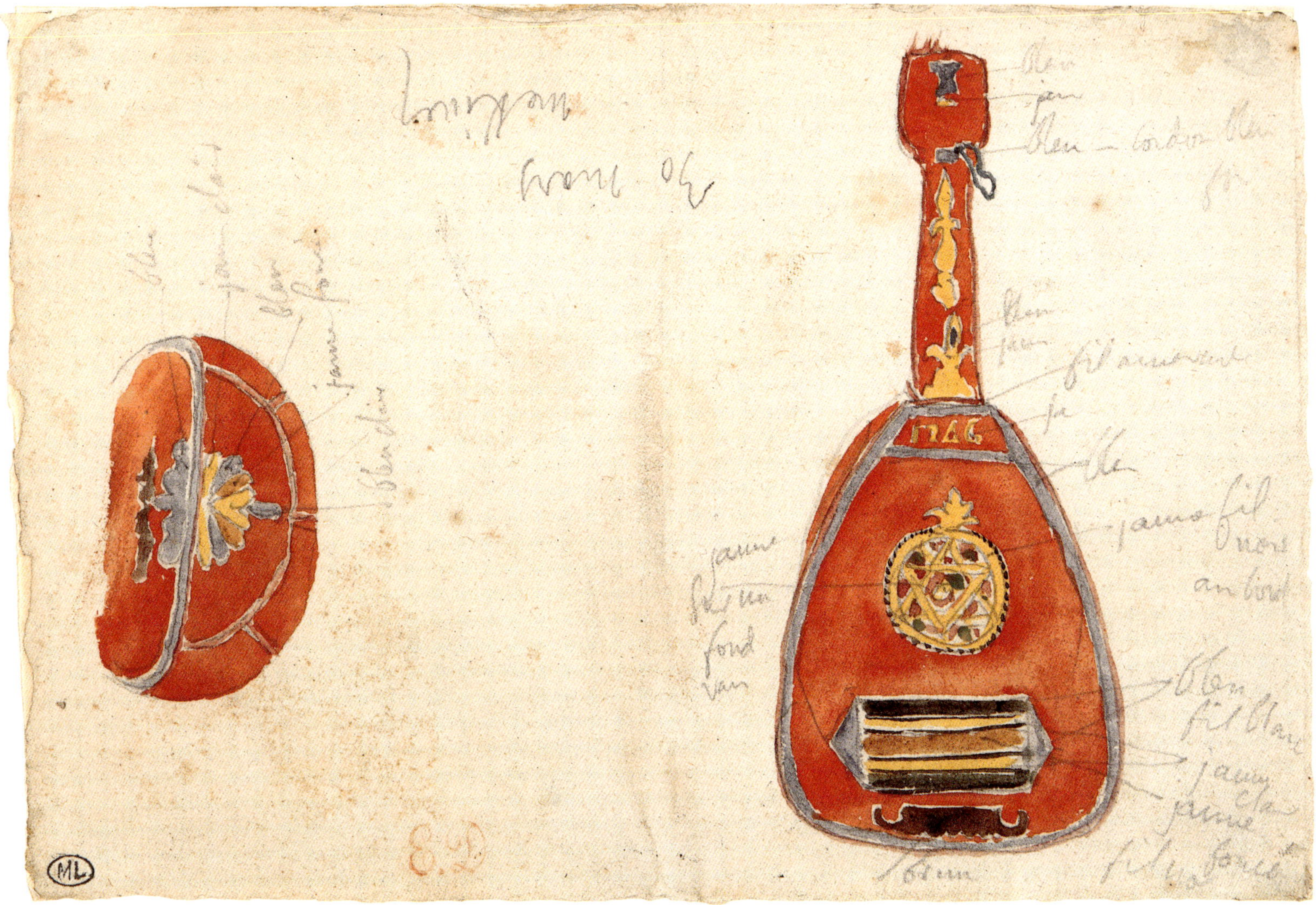

Two studies of an oud
(Arab lute).
Watercolour and lead pencil.

Zwei Studien einer arabischen Laute
(aoud).
Aquarell und Grafitstift.

Deux études d'aoud arabe
(luth arabe).
Aquarelle et mine de plomb.

A saddle.
Watercolour over lead pencil.

Ein Sattel.
Aquarell auf Grafitstiftentwurf.

Une selle.
Aquarelle sur traits à la mine de plomb.

Seated Arab, face on, hands crossed.
Lead pencil and sanguine,
highlighted with watercolour.

Vorderansicht eines sitzenden Arabers mit gekreuzten Händen.
Grafitstift, Rötel,
mit Aquarell gehöht.

Arabe assis de face les mains croisées.
Mine de plomb, sanguine
et rehauts d'aquarelle.

Arab sheikh lying on a rug.
Watercolour and lead pencil.

Arabischer Scheich, auf einem Teppich liegend.
Aquarell und Grafitstift.

Cheik arabe couché sur un tapis.
Aquarelle et mine de plomb.

Arab lying on the ground in countryside.
Watercolour.

Liegender Araber auf dem Land.
Aquarell.

Arabe étendu par terre dans la campagne.
Aquarelle.

Arab fantasia in front of the gates of Meknès.
Watercolour and lead pencil.

Arabische Fantasia vor der Toren von Meknès.
Aquarell und Grafitstift.

Fantasia arabe devant les portes de Meknès.
Aquarelle et mine de plomb.

Resting place for Horsemen near Tangier.
Watercolor and graphite on wove paper.

Rast arabischer Reiter nahe Tanger.
Aquarell und Grafitstift.

Halte de cavaliers arabes près de Tanger.
Aquarelle et mine de plomb.

Moroccan public letter-writer.
Watercolour, heightened with gouache and lead pencil.

Marokkanischer Schreiber.
Aquarell, mit Gouache gehöht, und Grafitstift.

Ecrivain public marocain.
Aquarelle, rehauts de gouache et mine de plomb.

Eug. Delacroix

The Arabs of Oran.
Watercolour.

Araber aus Oran.
Aquarell.

Les Arabes d'Oran.
Aquarelle.

The mule-drivers of Tetuan.
Watercolour.

Mauleseltreiber aus Tetouân.
Aquarell.

Les muletiers de Tétuan.
Aquarelle.

Panoramic view of
the outskirts of Meknès.
Watercolour over pencil lines.

Panoramaansicht der
Umgebung von Meknès.
Aquarell auf Grafitstiftentwurf.

Vue panoramique
des environs de Meknès.
Aquarelle sur trait à la mine de plomb.

Landscape: an Arab bridge over a stream, with one remaining arch, in the background a masted ship.
Watercolour over lead pencil.

Landschaft: inmitten eines Wasserlaufs eine arabische Brücke mit nur noch einem einzigen Bogen; im Hintergrund ein Schiff mit Masten.
Aquarell auf Grafitstiftentwurf.

Paysage : au milieu d'un cours d'eau, un pont arabe dont subsiste une seule arche, à l'arrière-plan, un navire avec mâts.
Aquarelle sur trait à la mine de plomb.

SELECT BIBLIOGRAPHY

DAGUERRE DE HUREAUX, ALAIN: *Delacroix*, Hazan, Paris, 1993.

DAGUERRE DE HUREAUX, ALAIN AND GUÉGAN, STÉPHANE: *L'ABCdaire de Delacroix en Orient*, Flammarion, Paris, 1994.

GUÉGAN, STÉPHANE: *Delacroix, l'Enfer et l'Atelier*, Flammarion, Paris, 1998.

JOBERT, BARTHÉLÉMY, *Delacroix*, Gallimard, Paris, 1997.

JOHNSON, LEE: *The Paintings of Eugène Delacroix, A Critical Catalogue*, 6 vols. Clarendon Press, Oxford, 1981-1989.

RAUTMANN, PETER: *Delacroix*, Citadelles & Mazenod, Paris, 1997.

SÉRULLAZ, ARLETTE; DAGUERRE DE HUREAUX, ALAIN; GUÉGAN, STÉPHANE AND POMARÈDE, VINCENT: *L'ABCdaire de Delacroix en Orient*, Flammarion, Paris, 1998.

SÉRULLAZ, ARLETTE: *Delacroix*, the «Cabinet des Dessins» collection, Flammarion, Paris, 1998.

SÉRULLAZ, MAURICE: *Inventaire général des dessins. École française. Dessins de Eugène Delacroix*, 2 vols. R.M.N., Paris, 1984.

SÉRULLAZ, MAURICE: *Eugène Delacroix, Album de croquis*, 2 vols. Quatre Chemins-Editart, 1961.

SÉRULLAZ, MAURICE: *Delacroix*, Fayard, Paris, 1989.

WRITINGS BY DELACROIX

Œuvres littéraires, Études esthétiques, 2 vols. Crès et Cie, Paris, 1923.

Correspondance générale, 5 vols, published by André Joubin, Plon, Paris, 1936-38.

Journal, Plon, Paris, 1996.

Dictionnaire des Beaux-Arts, recompiled and published by Anne Larue, Hermann, Paris, 1996.

Souvenirs d'un voyage dans le Maroc, published by Laure Beaumont-Maillet, Barthélémy Jobert et Sophie Join-Lambert, Paris, Gallimard, 1999.

EXHIBITION CATALOGUES

Delacroix. Le Voyage au Maroc, Institut du Monde Arabe/Flammarion, Paris, 1995.

Delacroix et la naissance d'un nouveau romantisme, Rouen, 1998.

AUSWAHL

DAGUERRE DE HUREAUX ALAIN, *Delacroix*, Paris, Hazan, 1993.

DAGUERRE DE HUREAUX ALAIN ET GUÉGAN STÉPHANE, *L'ABCdaire de Delacroix en Orient*, Paris, Flammarion, 1994.

GUÉGAN STÉPHANE, *Delacroix, l'Enfer et l'Atelier*, Paris, Flammarion, 1998.

JOBERT BARTHÉLÉMY, *Delacroix*, Paris, Gallimard, 1997.

JOHNSON LEE, *The Paintings of Eugène Delacroix, Critical Catalogue*, 6 vol., Oxford, Clarendon Press, 1981-1989.

RAUTMANN PETER, *Delacroix*, Citadelles & Mazenod, Paris, 1997.

SÉRULLAZ ARLETTE, DAGUERRE DE HUREAUX ALAIN, GUÉGAN STÉPHANE, POMARÈDE VINCENT, *L'ABCdaire de Delacroix*, Paris, Flammarion, 1998.

SÉRULLAZ ARLETTE, *Delacroix*, collection «Cabinet des Dessins», Paris, Flammarion, 1998.

SÉRULLAZ MAURICE, *Inventaire général des dessins. École française. Dessins d'Eugène Delacroix*, 2 Bd. Paris, R.M.N., 1984.

SÉRULLAZ MAURICE, *Eugène Delacroix, Album de croquis*, 2 Bd. Quatre Chemins-Editart, 1961.

SÉRULLAZ MAURICE, *Delacroix*, Paris, Fayard, 1989.

SCHRIFTEN DELACROIX

Œuvres littéraires, Études esthétiques, 2 Bd.., Paris, Crès et Cie, 1923.

Correspondance générale, 5 Bd., verössentlich von André Joubin, Paris, Plon, 1936-1938.

Journal, Paris, Plon, 1996.

Dictionnaire des Beaux-Arts, herausgegeben von Anne Larue, Paris, Hermann, 1996.

Souvenirs d'un voyage dans le Maroc, verössentlich von Laure Beaumont-Maillet, Barthélémy Jobert et Sophie Join-Lambert, Paris, Gallimard, 1999.

AUSSTELLUNGSKATALOGE

Delacroix. Le Voyage au Maroc, Paris, Institut du Monde Arabe/Flammarion, 1995.

Delacroix et la naissance d'un nouveau romantisme, Rouen, 1998.

BIBLIOGRAPHIE SÉLECTIVE

DAGUERRE DE HUREAUX ALAIN, *Delacroix*, Paris, Hazan, 1993.

DAGUERRE DE HUREAUX ALAIN ET GUÉGAN STÉPHANE, *L'ABCdaire de Delacroix en Orient*, Paris, Flammarion, 1994.

GUÉGAN STÉPHANE, *Delacroix, l'Enfer et l'Atelier*, Paris, Flammarion, 1998.

JOBERT BARTHÉLÉMY, *Delacroix*, Paris, Gallimard, 1997

JOHNSON LEE, *The Paintings of Eugène Delacroix, Critical Catalogue*, 6 vol., Oxford, Clarendon Press, 1981-1989.

RAUTMANN PETER, *Delacroix*, Citadelles & Mazenod, Paris, 1997

SÉRULLAZ ARLETTE, DAGUERRE DE HUREAUX ALAIN, GUÉGAN STÉPHANE, POMARÈDE VINCENT, *L'ABCdaire de Delacroix*, Paris, Flammarion, 1998.

SÉRULLAZ ARLETTE, *Delacroix*, collection « Cabinet des Dessins », Paris, Flammarion, 1998.

SÉRULLAZ MAURICE, *Inventaire général des dessins. École française. Dessins d'Eugène Delacroix*, 2 vol. paris, R.M.N., 1984

SÉRULLAZ MAURICE, *Eugène Delacroix, Album de croquis*, 2 vol., Quatre Chemins-Editart, 1961.

SÉRULLAZ MAURICE, *Delacroix*, Paris, Fayard, 1989

ÉCRITS DE DELACROIX

Œuvres littéraires, Études esthétiques, 2 vol., Paris, Crès et Cie, 1923.

Correspondance générale, 5 vol., publié par André Joubin, Paris, Plon, 1936-1938.

Journal, Paris, Plon, 1996

Dictionnaire des Beaux-Arts, reconstitué et publié par Anne Larue, Paris, Hermann, 1996

Souvenirs d'un voyage dans le Maroc, édition de Laure Beaumont-Maillet, Barthélémy Jobert et Sophie Join-Lambert, Paris, Gallimard, 1999.

CATALOGUES D'EXPOSITION

Delacroix. Le Voyage au Maroc, Paris, Institut du Monde Arabe/Flammarion, 1995.

Delacroix et la naissance d'un nouveau romantisme, Rouen, 1998.

Paris, Réunion des Musées Nationaux (Musée du Louvre)	3-7-9-12-16-17-18-19-22-23-24-25-26-27-29-30-31-32-33-34-35-36-38-42-44-45-46-48-49-50-51-52-53-54-55-56-57-60-61-62-63-64-65-67-68-69-70-72-73-74-75-77-78-80-81-82-83-85-86-87-89-93
Paris, Agence Giraudon (Musée Condé, Chantilly)	10-11-14-15-21-39-41-43-47-66-71
Poitiers, Musées	92
Dijon, Musée des Beaux-Arts	13
Cambridge, Courtesy of the Fogg Art Museum, Harvard University Art Museums	20
Montpellier, Musée Fabre	40
New York, The Metropolitan Museum of Art	58-59
Paris, Galerie Schmidt	79-84-90
Paris, Agence Bulloz (Musée de Laon)	91
San Francisco, The Fine Arts Museums, Achenbach Foundation for Graphic Arts Museum	88